MOJANG
MINECRAFT™

MOJANG

MINECRAFT™

GESCHICHTE:
SFÉ R. MONSTER

ZEICHNUNGEN UND COVER:
SARAH GRALEY

KOLORIER-ASSISTENZ:
STEF PURENINS

LETTERING:
JOHN J. HILL

1. Auflage 2021
Deutschsprachige Ausgabe erschienen in der Egmont Comic Collection,
EGMONT Verlagsgesellschaften mbH,
Alte Jakobstraße 83, 10179 Berlin

Die englische Originalausgabe erschien im Juni 2019 unter dem Titel
„Minecraft Volume 2" published by Dark Horse Books, a division of Dark Horse Comics LLC
10956 SE Main Street, Milwaukie, OR 97222
Written by SFÉ R. Monster
Art and cover by Sarah Graley
Color Assistance by Stef Purenins
Lettered by John J. Hill
President & Publisher Mike Richardson
Editor Shantel LaRocque
Assistant Editor Brett Israel
Designer Keith Wood
Digital Art Technician Josie Christensen

Special thanks to Jennifer Hammervald, Alex Wiltshire, Kelsey Howard and Sherin Kwan.

Übersetzung aus dem Englischen: Kai Wichmann
Umschlag und Satz: Achim Münster, Overath
In Anlehnung an das englische Original
Printed in the EU
ISBN 978-3-7704-4132-7

www.egmont-comic-collection.de

ONLINE-SICHERHEIT FÜR JÜNGERE FANS

Online spielen macht Spaß! Hier sind ein paar einfache Regeln zum Schutz unserer jüngeren Fans, damit sie die Welt von Minecraft auch im Internet genießen können:

- Gib niemals deinen richtigen Namen an. Verwende ihn auf keinen Fall als Benutzernamen.
- Mache niemals Angaben zu deiner Person.
- Erzähle niemandem, welche Schule du besuchst oder wie alt du bist.
- Vertraue niemandem dein Passwort an, außer deinen Eltern oder Erziehungsberechtigten.
- Für viele der Websites musst du mindestens 13 Jahre alt sein, wenn du dort ein Benutzerkonto einrichten willst. Prüfe immer zuerst die Richtlinien der Website und bitte auch deine Eltern oder Erziehungsberechtigten um Erlaubnis, bevor du dich registrierst.
- Wenn dich irgendetwas verunsichert, dann sprich mit deinen Eltern oder Erziehungsberechtigten darüber.

Jede der in diesem Buch aufgeführten Website-Adressen war zur Drucklegung aktuell. Dennoch kann Egmont keine Verantwortung für die Inhalte Dritter übernehmen. Diese können sich ändern, sodass sie für Kinder nicht mehr geeignet sind. Wir empfehlen, Kinder zu beaufsichtigen, wenn diese das Internet benutzen.

Ist gleich jemand online?
Bin dabei!
Ich auch!
Ich muss zum Fuß-ball, wünsch euch viel Spaß!
Hau rein

HEY!
WAS WILLST DU?
WEM SCHREIBST DU?
GEHT DICH NICHTS AN.
BESTIMMT *NICHT* DEINEM KUMPEL, TYLER. WEIß JA *JEDER*, DASS DU IHN VERTRIEBEN HAST.

DAS STIMMT NICHT!
ABER KLAR! DU HAST IHN SO LANGE GENERVT, DASS ER NUR NOCH SO WEIT WIE MÖGLICH WEG VON HIER WOLLTE.
DU BIST SO EIN SCHLECHTER FREUND, DASS DIE LEUTE BIS ANS ENDE DES KONTINENTS VOR DIR FLIEHEN.
HALT EIN- FACH DEINE KLAPPE!
DAS SIND ALLES LÜGEN. DU BIST SO EIN BLÖDMANN!
OH, HAT DICH DAS *VERLETZT?* MUSST DU JETZT ETWA WEINEN?

ICH MUSS ÜBERHAUPT NICHT WEINEN. ICH...
SCHON GUT, DU LOSER. REG DICH NICHT AUF.
ICH HAB EH BESSERES ZU TUN, ALS MICH MIT SO EINEM FREAK WIE DIR ABZUGEBEN.
HEY!
MAN SIEHT SICH, EVAN.
SEUFZ!

Hey Mann, bin auf dem Weg nach Hause
Weißt du noch, wie wir immer zusammen gegangen sind?
Also, ich ver-miss dich voll
Also, ich vermiss dich voll
Hey Kumpel :)
Alles klar bei dir?
Ja, aber es ist irgendwie öde hier ohne dich.
Yeeeeaaahhh
Ich vermiss dich auch.
Meine Pause ist fast vorbei und ich hab gleich Mathe, aber wenn ich zu-hause bin, geh ich online. Und dann erzähl ich dir von dem Quatsch mit der Marching Band
Ich muss vielleicht Posaune lernen X_X

HALLOOOO. ICH BIN ZU HAUSE.

DIESE SKELETTE DUELLIEREN SICH JA IMMER NUR ...
TJA ... DESWEGEN HEIẞT DER COMIC JA AUCH SO.
SKELETT-DUELL
DIE KÖNNTEN RUHIG MAL WAS ANDERES MACHEN. 17 AUSGABEN IMMER NUR DIESE BLÖDEN DUELLE.
HAHAHA.
HEY, WISST IHR NOCH DIESES OZEAN-MONUMENT, DAS IHR IM EVERREALM GEFUNDEN HABT?
NA KLAR, MANN. ICH ERINNER MICH GENAU.
GROẞE-WÄCHTER-HAUPTQUARTIER. SO HATTEN WIR ES GENANNT.
SO VIELE WÄCHTER ... SO VIELE LASER.
KÖNNTET IHR MIR SAGEN, WO DAS IST? ICH BIN SCHON LANGE NICHT MEHR MIT MEINEN LEUTEN IM SPIEL AUF ERKUNDUNG GEGANGEN. WÄRE COOL, MAL ETWAS NEUES ZU SEHEN.

EIN ECHTES OZEANABENTEUER, JA?
JA, TAUCHE AB INS WILDE **MEER**, DENN DA SIEHST DU **MEHR**!
ETHANNNNNNN.
WIR HABEN DAS OZEANMONUMENT ZIEMLICH INTAKT GELASSEN. WENN IHR EUCH ALSO MIT DEN GROßEN WÄCHTERN ANLEGEN WOLLT ... NUR ZU.
ICH GLAUBE, WIR WERDEN UNS DIE SACHE NUR MAL ANSCHAUEN. WIR HABEN NICHT SO VIEL ERFAHRUNG MIT DEM MEER.
IST JA NICHT SO GANZ UNSER ELE-MENT. NICHT, DASS WIR UNS DA NASSE FÜßE HOLEN!
NICHT DU AUCH NOCH, TYLER!

ABER ERNSTHAFT ... EIN PAAR MEINER FREUNDE KÖNNEN SICH NOCH NICHT DARAN GEWÖHNEN, DASS ICH WEGGEZOGEN BIN.
UND WISST IHR NOCH, WAS DIE SICH FÜR EINE MÜHE MIT DEM ENDERDRACHEN UND SO GEMACHT HABEN, ALS ICH UMGEZOGEN WAR? VIELLEICHT KANN MICH JETZT JA REVANCHIEREN.
JA! IHR KÖNNT UNS IN UNSERER BASIS BESUCHEN UND DANN KRIEGT IHR SO VIELE KARTEN UND UNTER-WASSERTRÄNKE WIE IHR NUR WOLLT.
UND AUF DEM WEG GIBT ES AUCH JEDE MENGE ZU SEHEN! ZUM BEISPIEL EIN GANZES VEREISTES OZEAN-BIOM.
UND DELFINE!
UND SCHILD-KRÖTEN!
BOAAAHHH.
DANKE, LEUTE. DAS WIRD SUPER.

LOSER

MONTAG
DIENSTAG
MITTWOCH
DONNERSTAG
FREITAG
SKELETT-

GIB ES ZURÜCK! ICH WARNE DICH!
OH, JETZT HAB ICH ABER ANGST.
GRAB
HAHA, UND GRÜß MIR DEINE IMAGINÄREN FREUNDE.
BIS NÄCHSTE WOCHE, LOSER.
BZZ BZZ
Hey Kumpel! 😀
Sag den anderen, dass wir uns heute Abend am Hibiskus Haus treffen!
Ich hab was 🌟 richtig Cooles geplant!!! 🌟
(hier ein Tipp 🐟🐟🐟)
COOL!
Ich hab was 🌟 richtig Cooles geplant!!! 🌟
(hier ein Tipp 🐟🐟🐟)
Ich freu mich drauf 💪

MINECRAFT
Einzelspieler
Mehrspieler
The EverRealm
TYLERS WIZARD-TURM
GRACE & CANDACE: FARM-FESTUNG FÜR SUPERCOOLE MÄDCHEN
JETZT MIT BIENEN!
ZUR SKELETT-HÖHLE
ECHT JETZT? EIN OZEAN-MONUMENT?

JA! STEF UND SEINE LEUTE HABEN EINEN ZUGANG ZUM OZEAN GEFUNDEN UND SIE LEIHEN UNS IHRE KARTEN, DAMIT WIR UNS DAS ANSEHEN KÖNNEN.
DANN KÖNNEN WIR DA EIN BISSCHEN RUMTAUCHEN UND VIELLEICHT EIN PAAR SEELATERNEN FÜR DIE BASIS MITNEHMEN ...
UND EIN PAAR FISCHIGE WÄCHTER VERKLOPPEN!
ODER DIE WÄCHTER LIEBER AUS DER FERNE **BEWUNDERN.**
DIE SOLLEN LASER HABEN ...
WIR HABEN SCHON SO VIEL VON DEM LAND GESEHEN. JETZT GEHT'S UNTER WASSER!
... ALSO, FALLS IHR LUST DAZU HABT.

JA, MANN, KLAR HABE ICH LUST DAZU!
JUHU!
COOLE IDEE MIT DEM OZEANMONUMENT! DAS HATTE ICH JA SCHON FAST VERGESSEN.
UND ICH ERST MAL! UND ICH HAB AUCH NOCH NIE EIN BOOT GEBAUT.
WIR WERDEN SO VIELE NEUE SACHEN SEHEN!
STEF HAT ERZÄHLT, DASS ES DA SCHIFFS-WRACKS GIBT ...
UND ERTRUNKENE!
WAS SIND DENN „ERTRUNKENE"?
AH, KEINE SORGEN WEGEN DENEN, CANDACE.

SKELETT-HÖHLE
ALSO DAS IST MAL EINE BEEINDRUCKENDE BASIS.
WOLLEN WIR BEI UNS ZUHAUSE NICHT AUCH SO EINEN SCHÄDEL AUFHÄNGEN, CANDACE?

DRINNEN IST ES NOCH VIEL BESSER! LASST UNS MAL REINGEHEN!
HEY, STEEEEEEF! RUS, ETHAN! ICH BIN ES, TYLER!
WAS?
OH ...
DAS SIEHT HIER NORMALERWEISE WOHL ANDERS AUS?

HEY,
LEUTE.
ICH GLAUBE,
DAS IST
NICHT GUT.

WAS WAR DENN HIER LOS? ENDERMEN? CREEPER?
SIEHT NICHT AUS, ALS WÄREN DAS CREEPER GEWESEN. DIE TÜR WAR AUFGEBROCHEN, ABER ...
HIER IST EIN TOTALES DURCHEINANDER... ALS HÄTTE JEMAND WAS GESUCHT ...
ALLE IHRE BEUTE-TRUHEN SIND LEER UND DIE ZAUBER-TISCHE WURDEN GESTOHLEN.
ABER WAS FÜR MONSTER TUN DENN SO ETWAS?
MEINST DU, DAS WAR EINE LOHE?
ABER EINE LOHE KANN DOCH NUR IM NETHER ENT-STEHEN?
UND WENN SIE HIER GESPAWNT WURDE?
ABER DAS IST TOTAL GEGEN DIE SPIELREGELN.
HEY, LEUTE ...

ES GEHT NICHT DARUM, WAS DAS WAR...

... SON-DERN WER.

MEINST DU, DIE HABEN STEF UND DIE ANDEREN **MIT-GENOMMEN?**
ALSO, ZUMINDEST HABEN SIE ALLE WERT-SACHEN MITGENOMMEN UND ... DAS HIER SIND WOHL KAMPFSPUREN.
SIE WURDEN ENTFÜHRT?
ABER VON WEM DENN BLOß?
IM EVERREALM HABEN WIR KEINE GRIEFER, DIE SO ETWAS MACHEN. DAS WAR ***NIE*** DAS PROBLEM.
VIELLEICHT SOLLEN WIR DAS MELDEN ...
DAFÜR IST KEINE ZEIT. WENN WIR NICHT SOFORT HANDELN, VERSCHWINDEN DIESE SACHEN UND WIR VER-LIEREN IHRE SPUR.
WAS MEINST DU, WAS WIR MACHEN SOLLEN, EVAN?

ÖH ...
WIR HABEN DOCH ALLES, WIR BRAUCHEN, UM IHNEN ZU FOLGEN.
WENN WIR SCHNELL EIN PAAR BOOTE INS WASSER SETZEN, KÖNNEN WIR SIE VIELLEICHT NOCH EINHOLEN.
KLEINE RETTUNGS-AKTION UND ZURÜCK ZUM ABENDBROT.

UND? LEGEN WIR JETZT LOS, ODER NICHT?

HEY, KUMPEL ... ALLES OKAY?
DAS ... DAS WAREN DOCH KEINE MOBBER ODER SO?
WAS? NEIN, KEINE SORGE. NICHT IM EVERREALM.
IST WAHRSCHEINLICH NUR EIN GROẞES MISSVERSTÄNDNIS. WIR KLÄREN DAS NUR MAL SCHNELL AUF UND DANN SCHAUEN WIR UNS WIE GEPLANT DAS OZEAN-MONUMENT AN, OKAY?
ALSO LOS.

HEY! SEHT MAL DA!
WAS IST DAS?
EIN BRIEF?
DAS IST EINE KARTE.

ABER WER HAT DIE GEMACHT?
UND WO FÜHRT DIE HIN?
KEINE AHNUNG. ICH HAB NOCH NIE KARTEN BENUTZT …
ICH KANN DIE LESEN. ZEIG MAL HER.
AH. VERSTEHE.
HIER UNTEN SIND WIR.
UND DA OOOOBEN SIND DIE LEUTE, DIE DIE KARTE GEMACHT HABEN.
ALSO MÜSSEN WIR WOHL DAHIN.
DAS IST EIN LANGER WEG.
ALSO AN DIE RUDER.

OKAY ...
ALSO DEMNACH ... SIND DIE LEUTE, DIE DIE KARTE GEMACHT HABEN, IRGENDWO HIER GESTARTET.
AAAAAAABER ... ICH SEHE HIER NIEMANDEN.
JA, ICH AUCH NICHT.
SAGT DIE KARTE NICHTS DAZU, DASS WIR NIEMANDEN SEHEN?
STEHEN DA NICHT IRGENDWELCHE TIPPS DRAUF, WAS WIR MACHEN SOLLEN?
ABER ... SO FUNKTIONIEREN KARTEN DOCH GAR NICHT.
DAS IST NUR EINE **KARTE**, KEINE **MAGIE**.
HAST DU EIN PAAR BLÖCKE DABEI, T.? VIELLEICHT KÖNNEN WIR EINE SÄULE BAUEN UND VON OBEN NACHSCHAUEN.
MAL SEHEN ...
ÄHM, HEY, LEUTE ...

VIELLEICHT IST JA DAS, WONACH WIR SUCHEN?
OH, JA, KLAR.
DAS IST ES BESTIMMT.
WAS WÜRDET IHR JUNGS OHNE CANDACE UND MICH NUR MACHEN?

WARTET MAL ..
WAS IST DENN, E.?
ÖH ...
ES IST SCHON SPÄT. VIELLEICHT SOLLTEN WIR ERST EIN LAGER AUFSCHLAGEN, BEVOR ES WEITERGEHT?
WIR KENNEN DOCH JETZT UNSER ZIEL, ALSO KEIN GRUND ZUR EILE.

DAS IST GAR KEINE SCHLECHTE IDEE ...
HM.
ICH GLAUBE NICHT, DASS UNSERE BETTEN NEBEN-EINANDER AUF DIESE IN-SEL PASSEN.
...
WAS IST MIT DIESEN SCHIFFSWRACKS? DA IST DOCH JEDE MENGE PLATZ DRAUF.
JA, KANN SCHON SEIN, ABER ...
JA, SCHAU DOCH MAL, WIE VIEL PLATZ DA IST!
ABER WOZU DENN, KUMPEL? WAS SOLL DAS GETRÖDEL?
DAS IST KEIN GETRÖDEL. ICH DENKE NUR, ES WÄRE KLUG...
GHHH GHHGHGHG HGHGHGHGH

WARTET. HABT IHR DAS GEHÖRT?
WAS GEHÖRT? HÖR AUF MIT DEM QUATSCH UND LASS UNS LOS-LEGEN.
NEIN! ICH MEINE ES ERNST!
WIR HABEN NICHTS GE-HÖRT, EVAN.
ICH SCHWÖRE, DA WAR WAS ...
AAHHH!!!
WER SIND DIE DENN?!

GHGHGGHHGH
URRRGHHHH
GHGGHHG
DAS IST EIN ER-TRUNKENER!
AAAAHH! MACH DEN WEG!
OOMMF!
KEIN PROBLEM! WIR KÖNNEN SIE BEKÄMPFEN!
ES SIND ZU VIELE VON IHNEN, TYLER!
SCHNELL! RAUF HIER!

URRRGGGHHHHHH
GHGHGHGHGHGGGLCH
VERGESST ES!!!
ZURÜCK IN DIE BOOTE!
ALLES IN ORDNUNG?
DIESE ERTRUNKENEN ZOMBIES SIND JA DAS ALLERLETZTE.
TJA ...
DAMIT BLEIBT UNS NUR DIESER WEG.

BOAH ...

OH, WOW...
WAS MACHEN WIR JETZT?
PSST!
LASST UNS DAS MAL ANSCHAUEN.

SIE WOLLEN UNS IMMER NOCH NICHT SAGEN, WO DIE GANZE COOLE BEUTE AUF DEM SERVER IST?
NEIN, KÄPT'N.

WEGEN DER ABBAULÄHMUNG DURCH DEN GROßEN WÄCHTER KÖNNEN SIE NICHT WEG. UND WIR HABEN IHRE AUSRÜS-TUNG, ALSO KÖNNTEN SIE NICHTS MACHEN, SELBST WENN SIE WEG KÖNNTEN ... VIELLEICHT HÄTTEN WIR JEMAND ANDERES ENTFÜHREN SOLLEN.
KEIN PROBLEM. WIR BRINGEN DIE SCHON ZUM REDEN. NICHT WAHR, PIPS?
PIPS!!!
WER HÄTTE GE-DACHT, DASS DIE TROTTEL AUF DIE-SEM SERVER SO LOYAL SIND?
JA, DAS NERVT TOTAL.
ABER KEINE SORGE, KÄPT'N. WIR KNACKEN DIE SCHON NOCH.
HAHA. JA.
DIE SCHEINEN STEF UND DIE ANDEREN GEFANGEN ZU HALTEN.
JA.
WIRD SCHWIERIG MIT DEM ANSCHLEICHEN. VIELLEICHT KÖNNEN WIR ...
WIR GEHEN DA REIN UND GREIFEN DIE DIREKT AN.
WAS?!
TYLER! SPRICH LEISER, DIE WERDEN UNS NOCH HÖREN!

GUT! ICH HAB NÄMLICH KEINE ANGST VOR DENEN! WENN DIE...
MMF!
PASS AUF ... ICH GEHE JA AUCH GERN AUFS GANZE, ABER DAS SIND KEINE HIRNLOSEN MONSTER, DIE WIR EINFACH SO NIEDERMACHEN KÖNNEN.
DAS IST IHR SCHIFF UND DIE WISSEN, WAS SIE TUN. ALSO BERUHIGE DICH JETZT, DAMIT WIR EINEN PLAN MACHEN KÖNNEN.
OKAY?
NICK

ALSO, ICH SCHLAGE VOR, DASS ...
ABER HALLO! WEN HABEN WIR DENN HIER?
PIPS!!!
SCHNELL ...
LAUFT NUR, ABER WIR HABEN TNT-KANONEN AN BORD. WENN DIE EUCH NICHT ERWISCHEN, DANN TUN'S DIE ERTRUNKENEN.
ICH MAG KEINE EINDRINGLINGE, ALSO WARUM KOMMT IHR NICHT AN BORD, DAMIT WIR EIN BISSCHEN PLAUDERN KÖNNEN.
UND KEINE DUMMEN SACHEN.
WIR SOLLTEN TUN, WAS SIE SAGEN. VIELLEICHT LASSEN DIE JA MIT SICH VERHANDELN.

AHA ...
WER SEID IHR? UND WAS HABT IHR HIER ZU SUCHEN?
DAS GEHT EUCH GAR NICHTS AN!
SAGT UNS LIEBER, WARUM IHR UNSERE FREUNDE ENTFÜHRT UND BASEN ZERSTÖRT, DIE EUCH NICHT GEHÖREN!
TYLER, LASS MICH MAL ...
TUT UNS LEID, DASS WIR SPIONIERT HABEN. WIR WOLLTEN NUR UNSERE FREUNDE FINDEN, DIE VIELLEICHT HIER VORBEIGEKOMMEN SIND.
VIELLEICHT HABT IHR SIE JA GESEHEN ...?
OH, JA. WIR HABEN SIE GESEHEN, NICHT WAHR, AIDEN?
JA, HABEN WIR, KÄPT'N.
KÄPT'N!

OH, SUPER! VIELLEICHT KÖNNT IHR UNS SAGEN, WO ...
LEIDER SIND SIE IM AUGENBLICK ETWAS BESCHÄFTIGT. EIN FREUND HAT EIN AUGE AUF SIE GEWORFEN ...
WAS?
ABER SEHT SELBST.
ICH KOMME!!!
TYLER ... NICHT!!!

XEEEEEEEEEEEEEGH
SIE HABEN EINEN GROßEN WÄCHTER!

WAS?!
GANZ GENAU. WIR HABEN IHN AUS DEM OZEANMONUMENT GELOCKT UND JETZT SIND EURE FREUNDE GEFANGEN.
SIE BLEIBEN BEI UNS, BIS SIE UNS ENDLICH SAGEN, WO ALL DIE GUTE BEUTE UND SELTENEN SCHÄTZE AUF DIESEM SERVER VERSTECKT SIND.
UND WO IHR SCHON MAL DA SEID, KÖNNT IHR UNS GLEICH SAGEN, WAS IHR SO GEBUNKERT HABT.
IST EHR NUR EINE FRAGE DER ZEIT, BIS ALL DIE COOLEN SACHEN AUF DIESEM SERVER UNS GEHÖREN.
DAS IST FURCHTBAR! WAS IST BLOß LOS MIT EUCH?
WIR SIND **PIRATEN**. UND SO ETWAS MACHEN PIRATEN NUN MAL, ODER ETWA NICHT?
IST DOCH NUR EIN **SPIEL**. STELLT EUCH NICHT SO AN.
ICH MACHE DIE FERTIG!
EVAN!
DAS IST DOCH GEGEN DIE EVER-REALM-REGELN.
IST MIR EGAL!

DAS IST NICHT FAIR! ICH WILL MIR DAS SPIEL NICHT VON LEUTEN KAPUTT-MACHEN LASSEN, DIE GLAUBEN, DASS SIE BESSER SIND UND UNS HERUMSCHUBSEN KÖNNEN!
DAMIT HAB ICH IN DER SCHULE SCHON GENUG PROBLEME. IM EVERREALM WERDE ICH DAS AUF KEINEN FALL ZULASSEN!
MOMENT MAL. WAS?
EVAN, WAS SOLL DAS HEIßEN? WAS IST DA LOS IN DER SCHULE?
ACH, ICH WILL JETZT GAR NICHT DARÜBER REDEN.
DA IST NUR SO EIN TYP IN DER KLASSE ÜBER MIR, DER MICH STÄNDIG NERVT.
UND DARAUF HABE ICH KEINE LUST MEHR. UND AUF EUCH BEIDEN UND DEN GANZEN MIST HIER AUCH NICHT!

WIR ALLE HABEN HART GEARBEITET, UM UNS EINEN SCHÖNEN ORT ZU SCHAFFEN, WO WIR UNS WOHLFÜHLEN. UND IHR KÖNNT NICHT EINFACH SO HIER REINMARSCHIEREN UND EUCH ALLES NEHMEN!
JA! WIE WÜRDE ES DENN EUCH GEFALLEN, WENN WIR **EUER** SCHIFF KAPUTTMACHEN?
DAS IST DOCH EGAL!
WENN EUER KRAM KAPUTTGEHT ODER IHN JEMAND STIEHLT, KÖNNT IHR **NEUE** SACHEN HERSTELLEN ODER ABBAUEN. DAS IST DOCH WOHL DIE IDEE DES SPIELS, ODER ETWA NICHT?
NEIN, IST ES NICHT!
WIR HABEN NÄMLICH ALLE SEHR LANGE UND **SEHR HART** DAFÜR GEARBEITET.
IHR KÖNNT NICHT EINFACH ALLE LEUTE HERUMSCHUBSEN, WEIL **EUCH** DAS SPAß MACHT.

ARGH!
ARGH!
IHR **VERSTEHT** ES NICHT!
EURE MEINUNG ZÄHLT HIER NICHT, DENN WIR HABEN EINEN **GROßEN WÄCHTER** AUF UNSERER SEITE!
WIR KRIEGEN ALLES, WAS WIR WOLLEN!
SOLANGE WIR HIER SIND UND NOCH MEHR SPIELER HIERHER BRINGEN, KANN UNS NIEMAND AUFHALTEN!
DIESE UNTERHALTUNG IST JETZT BEENDET. AIDEN, SPERR SIE EIN. WIR KÜMMERN UNS SPÄTER UM SIE.
AYE, KÄPT'N.
ICH HAB EINEN PLAN. WENN DU DIE FIESE KAPITÄNIN ABLENKST, HOL ICH DIE DREI DA RAUS.
ALLES KLAR.

AH, JA? KÜMMER DICH DOCH MAL *DA* DRUM!
AUA!
DAS WAR **SEHR** DÄM...
HEY!
PASST MAL AUF.

YEAH!
JUHU!
GUT GEMACHT, EVAN!
OH, NEIN!
WAS SOLLTE *DAS* DENN?!
ICH HABE UNSERE FREUNDE BEFREIT UND JETZT HAUEN WIR HIER AB, IHR NERVENSÄGEN.
DU BIST JA SO EINE HOHL-BIRNE ...
DAMIT HAST DU NICHT DEINE FREUNDE BEFREIT ...

... SONDERN DIE BORD-KANONEN ABGEFEUERT UND DAMIT DIE SCHUTZWÄNDE ZERSTÖRT, MIT DENEN WIR DEN GROßEN WÄCHTER EINGESPERRT HATTEN!
AAAAAAA!!
SCREEEEEEEEE!

AAA!!
AAAAA!!
AAAAAA!!
SPLASH
HALTET DURCH! KEINE PANIK!
TUT MIR LEID!
TNT
IST SCHON OKAY! HOLT UNS EINFACH HIER RAUS, BEVOR ...
EVAN! PASS AUF!
DU MUSST AUSWEICHEN! ER DARF DICH NICHT TREFFEN!
DER VISIERT MICH AN!

WEG DA!
AHHHH!
ALLES IN ORDNUNG?
UFF, JA. GUT GEMACHT, KUMPEL.
XEEEEGH!
SAUBERE ARBEIT, **LEUTE**.
XEEEEEEE!!!
DAS IST NICHT UNSERE SCHULD!
UND GANZ SICHER AUCH NICHT **UNSERE**, DU ...

KEINE SORGE, KÄPT'N. ICH HAB EINEN PLAN.
WENN WIR DIE KANONEN NOCHMAL AB-FEUERN, WIRD DAS TNT WAHR-SCHEINLICH DEN GROßEN WÄCHTER ERLEDIGEN.
ABER DA UNTEN SIND DOCH UN-SERE FREUNDE!
TJA, DAS IST DANN EBEN IHR PECH.
DER WÄCHTER IST JETZT WICH-TIGER ...
UFF!

AIDEN!
SCHON GUT. WAR JA NUR EIN KRATZER.
OH, JE ...
VIELLEICHT DOCH MEHR ALS EIN KRATZER, HAHA. HAT JEMAND VON EUCH EINEN GOLDENEN APFEL?
WIR MÜSSEN ETWAS TUN, SONST SCHIEẞT DER WÄCHTER UNS ALLE AB.
ICH WERDE MAL WAS VERSUCHEN.
HEY, KÄPT'N! WIE WÄR'S MIT WAFFENSTILLSTAND?

WAFFEN-STILL-STAND?
CLEO, VIELLEICHT IST DAS EINE GUTE IDEE. WIR HABEN HIER ECHT PROBLEME ... WENN WIR DEN GROẞEN WÄCHTER NICHT ERLEDIGEN KÖNNEN, SIND WIR GELIEFERT.
XEEEEEGH!
DENK DOCH MAL NACH, CLEO. WIR SIND IN DER UNTERZAHL, HABEN UNSERE GEHEIME WAFFE VERLOREN UND WENN WIR HIERBLEIBEN, KRIEGT DER UNS ALLE ...
GRMF.
HÖRT MAL HER ... WIR ALLE WERDEN ALLES VERLIEREN, WENN WIR ZULASSEN, DASS DIESER FISCHLASER UNS EINEN NACH DEM ANDEREN GRILLT.
LASST UNS DIESE BESTIE GEMEINSAM BESIEGEN!
SAGTE ICH DOCH GERADE ... WAFFENSTILLSTAND.
WIR WERFEN KEINE TNT-BLÖCKE AUF UNSERE FREUNDE.
JA, SCHON GUT. WIE DU MEINST.
ABER ZUM GLÜCK HABE ICH NOCH EINEN BESSEREN PLAN.

AIDEN! AUF ZUR WAFFENKAMMER! BEWAFFNE ALLE FÜR DEN KAMPF!
AYE, KÄPT'N!
IHR BEIDE SPRINGT INS WASSER UND LENKT IHN AB. WENN ER SICH AUF EUCH KONZENTRIERT, KÖNNEN DIE ANDEREN EURE FREUNDE RAUSHOLEN.
WARUM MÜSSEN *WIR* DAS MACHEN? WAS WIRST DU DENN TUN?
SPEZIAL-LIEFERUNG!
AIDEN UND ICH WERDEN DEN GROßEN WÄCHTER SELBST AUSSCHALTEN.
ICH TRAU IHNEN NICHT, TYLER.
ICH WEIß ... ABER WIR HABEN JETZT ECHT KEINE ANDERE WAHL.
HEY! PASST AUF!
DU KANNST DEN PLAN JA IMMER NOCH BLÖD FINDEN, *NACHDEM* WIR ÜBERLEBT HABEN, OKAY?
OKAY, WIR SPRECHEN UNS NOCH.

XEEEEEEEEGH!
WAS IST LOS? WARUM BRAU-CHEN DIE SO LANGE?
KEINE AHNUNG, ABER WIR **MÜSSEN** ETWAS TUN, BEVOR DER GROẞE WÄCHTER MERKT, DASS WIR HIER SIND.
DIESE ABBAULÄHMUNG MACHT MICH FERTIG. ICH KOMM NICHT VON DER STELLE ...
TJA, JUNGS. DAS WAR'S DANN WOHL.
XEEEEEEEAGH!

SPLOOSH
HEY, EINAUGE!
WILLST DU DICH ETWA MIT UNS ANLEGEN?!

SCHEINT ZU FUNKTIONIEREN!
DAS IST GUT! NICHT LANGSA-MER WERDEN!
ER VERFOLGT SIE!
DIESES PIRA-TENWEIB, CLEO ... SIE WOLLTE DOCH HELFEN.
WO IST SIE?

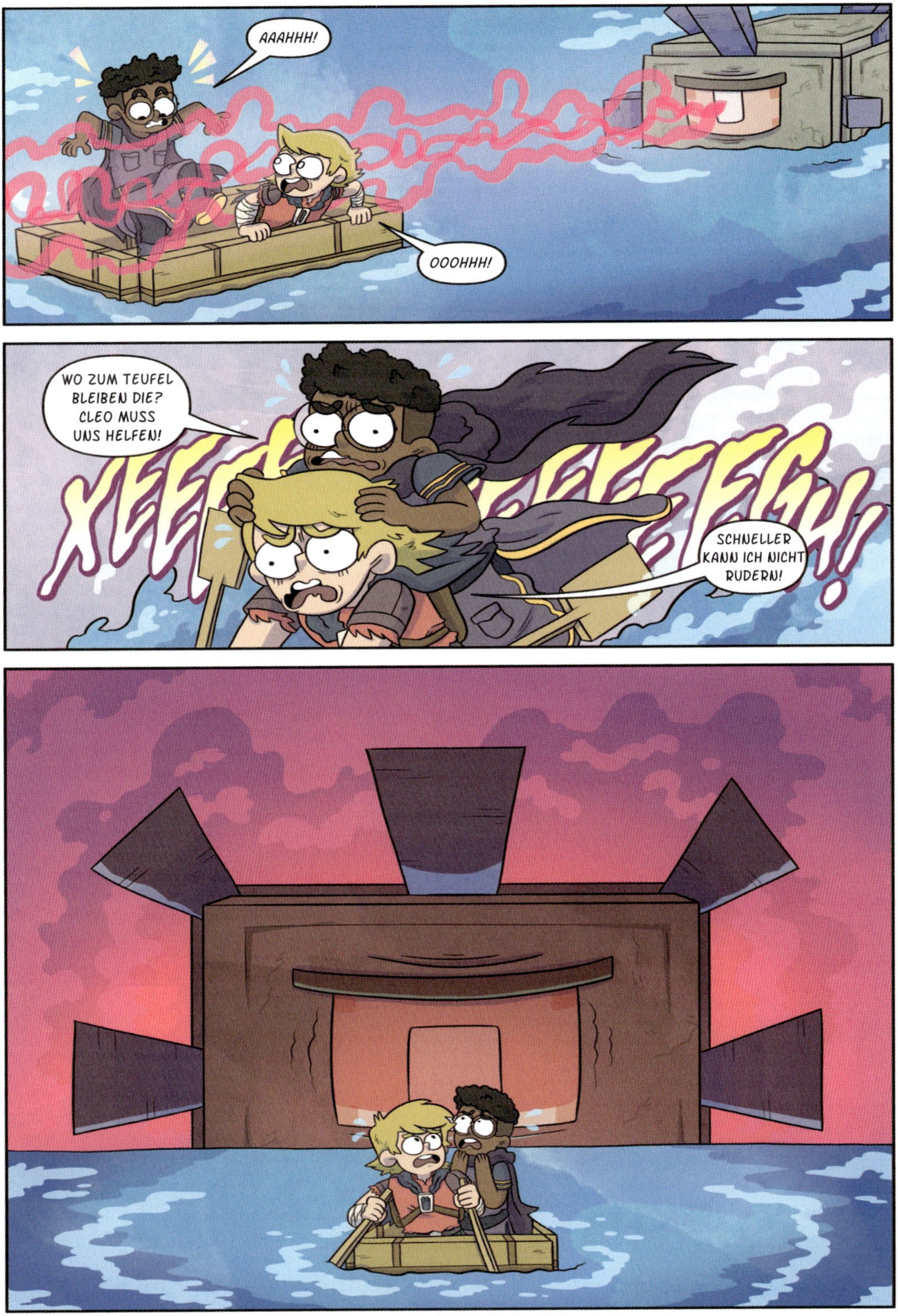
AAAHHH!
OOOHHH!
WO ZUM TEUFEL BLEIBEN DIE? CLEO MUSS UNS HELFEN!
SCHNELLER KANN ICH NICHT RUDERN!

HAHA! DIREKT IN DEINE FISCH-FRESSE!
GUTER WURF, KÄPT'N!
CLEO! DA BIST DU JA ENDLICH!
HABT IHR MICH VER-MISST?
UND JETZT NEHMT DEN DREIZACK UND MACHT EUCH BEREIT! ACHTUNG, FERTIG ...

LOS!
XEEEEEEEAGH!
WAAA!
AU!
IIIHHH!

GEHT'S ALLEN GUT?
SO GUT, WIE ES EBEN GEHT, MIT EINEM HALBEN HERZ LP ...
HEY!
HABT IHR ES GESCHAFFT?
HABT IHR IHN BESIEGT?
JA, ICH GLAUBE SCHON ...
WAR DAS DER GROßE WÄCHTER?
IHR HABT ES GESCHAFFT!
JAAA, SO COOL, GUT GEMACHT!
OH ... ARMER, KLEINER LASERFISCH ...
HEY, WENN MAN SICH SOLCHE MONSTER HÄLT, MUSS ES JA FRÜHER ODER SPÄTER PROBLEME GEBEN.
DAS WAR EIN ZIEMLICH GUTER KAMPF.
HAHA, JA.

DANKE FÜR DIE RETTUNG, LEUTE.
JA, WIR SCHULDEN EUCH WAS.
ACH, DAS HABEN WIR DOCH GERN GEMACHT.
ÖH ... HÖRT MAL.
ICH WEIß GAR NICHT, WIE ICH DAS SAGEN SOLL, ABER DAS HAT ECHT SPAß GEMACHT UND SO. KONNTEN WIR JA NICHT AHNEN, DASS MAN EUCH SO LEICHT BEKLAUEN KANN, ABER VIELLEICHT WAR DAS EIN **BISSCHEN** UNCOOL.
VIELLEICHT SIND WIR JA DOCH EIN GANZ GUTES TEAM.
WISST IHR WAS?
KOMMT DOCH MIT ZURÜCK ZU UNSERER HÖHLE. WENN IHR BEIM AUFRÄUMEN ORDENTLICH MIT ANPACKT, IST DAS DIE BESTE ENTSCHULDIGUNG.
HAHA, MACHEN WIR SO.

IHR KEHRT ALSO ZUM FESTLAND ZURÜCK?
JA, WIR BRINGEN DIE BEIDEN IN DIE HAUPTSTADT UND STELLEN SIE ALLEN VOR.
WAS IST MIT EUCH?
WIR SIND SO WEIT GE-KOMMEN ... WIR **MÜSSEN** UNS DAS OZEANMONU-MENT ANSCHAUEN.
NUN, DANN BRAUCHT IHR ABER DAS HIER.
SORRY, DIE HÄTTEN WIR EUCH SCHON VIEL FRÜHER GEBEN SOLLEN.
HEY, KEIN PROBLEM.
BIS MORGEN IN DER SCHULE.
BIS DANN!
ALSO LOS, LEUTE. LASST UNS DAS MONUMENT FINDEN ...
DANN ZEIG UNS MAL DEN WEG, T.

AM NÄCHSTEN TAG
HEY.
NEUE WOCHE, NEUER SPAß, ODER?
WIR SIND BEI DIR, EVAN.
HEY.

HÖR AUF DAMIT.
UND WENN NICHT?
LASS MICH EINFACH IN RUHE, JA? DU SAGST IMMER, ICH HÄTTE KEINE FREUNDE, ABER DAS STIMMT NICHT. HIER SIND SIE UND SIE STEHEN MIR BEI.
AUF JEDEN FALL.
WIR HABEN UNS DOCH NUR EIN BISSCHEN UNTERHALTEN.
DU HAST SCHON MEHR ALS GENUG GESAGT.
WEM WILLST **DU** ÜBERHAUPT ETWAS VORMACHEN?
JA, WARUM SUCHST DU DIR NICHT EIN PAAR EIGENE FREUNDE?
ICH HAB GENUG VON DEINEN BLÖDEN SPIELCHEN, ALSO LASS ES EINFACH SEIN.
OKAY, HAUT BLOẞ AB.

MIR DOCH EGAL ...
DAS WAR SUPER, KUMPEL!
JA, GUT GEMACHT!
HAHA, DANKE, DASS IHR DREI MITGEKOMMEN SEID.
DU BIST DOCH UNSER FREUND, EVAN!
BZZ BZZ
Hey, Leute! Wollen wir am Wochenende zocken und ... die Endsiedlung finden?
Das Waldanwesen!
Elytren oder nix!!!
Mooshrooms!!!
Alles davon!
Ganz genau! Kann es kaum erwarten!

MINECRAFT™
ZEICHENBUCH

MIT KOMMENTAREN VON
SARAH GRALEY

ENTWÜRFE DER CHARAKTERE

Da dies eine Fortsetzung ist, hatte ich die Hauptcharaktere ja schon fertig entwickelt! Aber da seit dem ersten Buch bereits etwas Zeit vergangen war, wollte ich die Figuren noch einmal neu entdecken und neu zeichnen.

Bei jedem Buch zeichne ich erst einmal alle Charaktere und ihre Outfits und hänge mir dann ein großes Poster von ihnen über den Schreibtisch, bevor ich mit den Buchseiten anfange! Auf diese Weise muss ich nur mal kurz hochschauen, wenn ich mir nicht sicher bin, wie ein bestimmtes Outfit aussehen soll. (Es sind ziemlich viele Figuren in dem Minecraft-Buch und damit jede Menge Outfits, die da oben rumhängen!)

Sfé hat aber dieses Mal drei neue Charaktere eingeführt! Einen Fiesling in der Schule und zwei böse Piraten! Die Piraten sollten ein bisschen wie punkige Teenager im Piraten-Look aussehen. Und da ich mich früher auch so angezogen habe, hat mir das echt Spaß gemacht!

ENTWÜRFE DER CHARAKTERE

ENTWICKLUNG DES COVERS

Wenn ich das Buch-Cover entwickle, habe ich immer gleich mehrere Ideen! Wir sprechen dann darüber, was sich am besten als Titelbildillustration eignet und wie man sie mit ein paar Änderungen noch besser machen kann, bevor ich mit dem Zeichnen so richtig anfange!

1 Grobe Cover-Skizzen

Meine erste Idee für das Cover war ein ähnlicher Entwurf wie für den ersten Band, aber mit einem Hintergrund, der zur Geschichte von Band Zwei passt. Bei den anderen Ideen ging es vor allem um die Eindrücke eines Meeresabenteuers, also das Piratenschiff, das Ozeanmonument und der große Wächter!

Da das Piratenschiff von Cleo und Aiden eine große Rolle in diesem Buch spielt, war es dann klar, dass es auf das Cover musste!

2 Grobe Cover-Skizzen

3 Cover-Tuschezeichnung

4 **Cover mit Grundfarben**

5 Final koloriertes Cover

SEITENERSTELLUNG

Vor den Bleistiftzeichnungen fertige ich normalerweise für jede Seite des Skripts eine grobe Skizze an. Wie man sieht, sehen die noch ziemlich gekritzelt aus! Das hilft mir, zu entscheiden, wie die Anordnungen der Panels (der Rahmen) und die Ausdrücke der Charaktere aussehen sollen, bevor ich noch weiter ins Detail gehe.

Nach den Bleistift- und Tuschezeichnungen ist mein Assistent, Stef, an der Reihe – er versieht die Schwarz-Weiß-Zeichnungen mit den Grundfarben, bevor ich dann wieder für die finale Kolorierung übernehme!

1 Grobe Bleistiftskizze

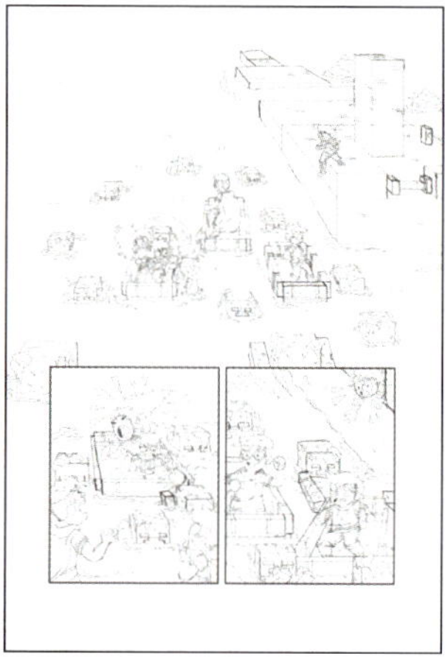

2 Bleistiftzeichnung

3 Tuschezeichnung

4 Getuschte Details

5 Grundfarben

6 Final kolorierte Seite

Ich füge dann noch mehr Farbdetails wie Licht- und Schatteneffekte hinzu. Das ist einer meiner liebsten Arbeitsschritte, weil hierbei das finale Bild entsteht!

Dies ist eine meiner Lieblingsseiten im Buch! Nach dem Lesen des Skripts hatte ich mich schon sehr darauf gefreut, die unheimliche Atmosphäre und die leuchtenden Gesichter der Ertrunkenen in dieser Situation zu zeichnen! Ich steh total auf gruselige Sachen und die Ertrunkenen sind 100 % super-gruselig!